Pour MARTHE

Juliette drôles de lunettes

Conception : Émilie Beaumont
Texte : Ann Rocard
Images : Sophie Ledesma

ÉDITIONS FLEURUS

ÉDITIONS FLEURUS 15-27, RUE MOUSSORGSKI, 75018 PARIS

Juliette est une petite fille timide.
Ce matin, elle arrive à l'école
avec des lunettes toutes neuves.
De belles lunettes, rondes
et rouges comme des cerises !
Il y a même du papier collé
sur l'un des verres.

Romain-le-coquin
la montre du doigt :
- Ouh ! Ouh ! Juliette !
Elle a une drôle de tête.
On dirait une chouette !
Et tous les enfants s'écrient :
- On dirait une chouette !

M

Juliette plisse le nez
et elle se met à pleurer.
Puis elle s'enfuit au fond de la cour
en sanglotant.
Elle escalade la cabane
et elle reste debout, tout en haut,
sans bouger.

La maîtresse et les enfants
rejoignent la petite fille.
Et la maîtresse demande :
- Que se passe-t-il, Juliette ?
Pourquoi pleures-tu ?
Tu t'es fait mal ?
Tu n'arrives plus à descendre ?

Juliette secoue la tête ;
elle ne veut pas répondre.
Malo-qui-parle-trop
grimpe sur la cabane et il explique :
- Elle pleure à cause de ses lunettes.
On dirait une chouette.
C'est Romain qui l'a dit.

La maîtresse n'est pas contente,
mais pas contente du tout !
- Ça suffit ! On ne se moque pas
des autres. Compris ?
- Compris ! font les enfants.
Elle aide Juliette à redescendre
et elle l'embrasse très fort, en disant :
- La récré est terminée.

Car aujourd'hui,
c'est la visite médicale.
Les enfants sont mesurés, pesés...
On écoute leurs poumons.
On regarde leurs dents.
On vérifie s'ils ont de bons yeux.
Mais pas de piqûre, bien sûr !

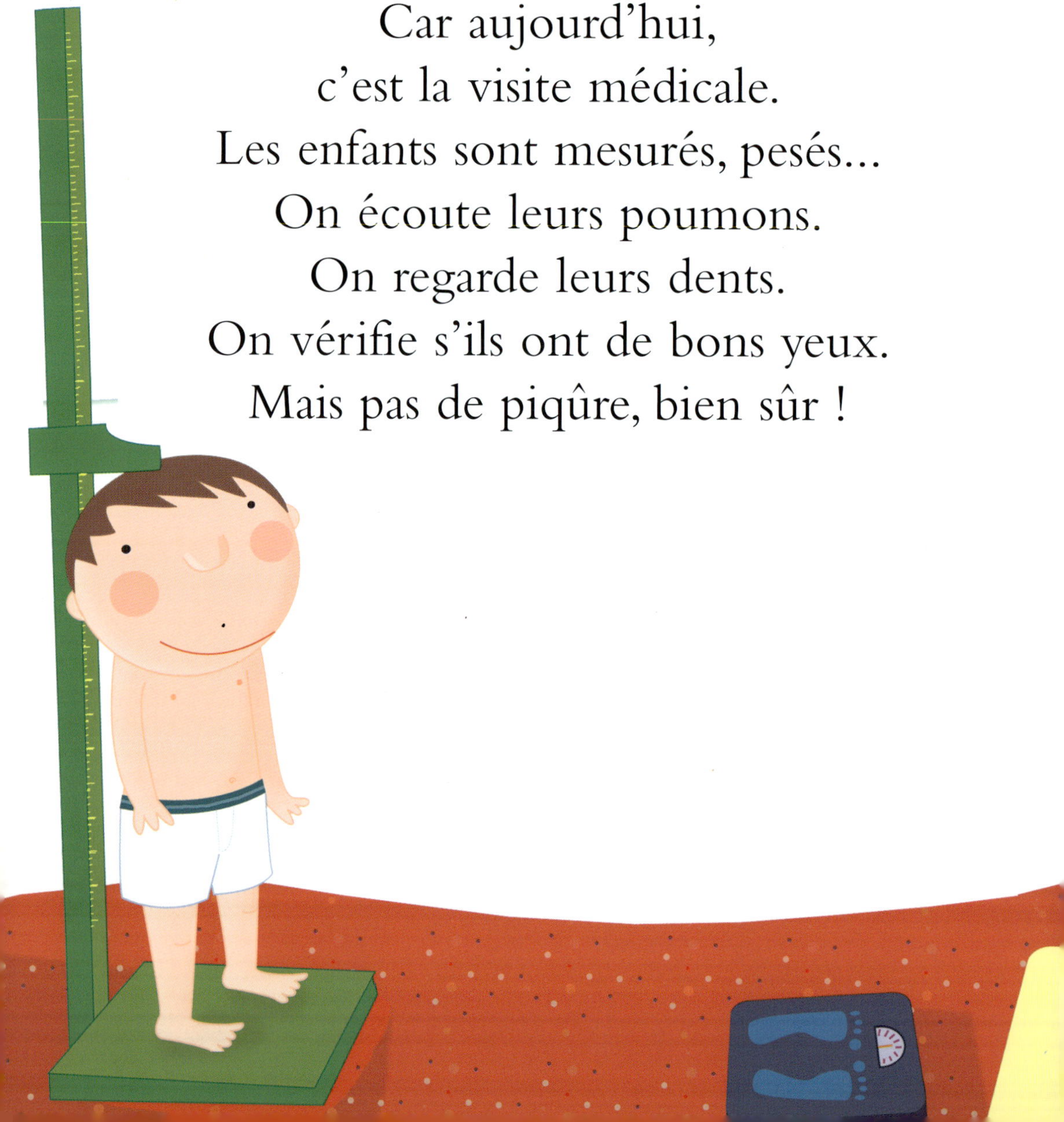

Et la semaine suivante… ça alors !
Le petit Bastien arrive à l'école
en portant des lunettes vertes.
Flore a des lunettes à fleurs
et Arthur des lunettes à rayures !
Juliette n'en revient pas :
- Ça alors ! Ils ont copié sur moi.

Voilà Malo-qui-parle-trop !
Il entre dans la cour, très fier :
- Moi aussi, j'en ai !
Moi, mon papa
il a presque les mêmes.
Moi, j'ai des lunettes de grand,
mais elles sont moins jolies
que celles de Juliette.

Alors la maîtresse invente une comptine
que tous les enfants répètent :
- C'est la fête ! C'est la fête !
C'est la fête des lunettes !
C'est la fête ! À qui mieux mieux,
nous savons cligner des yeux !
Nous ouvrons l'œil et le bon !
Chic et chouette ! Applaudissons !

ISBN 2-215-069-26-0

Dépôt légal à la date de parution.
Conforme à la loi N° 49-956 du 16 juillet 1949
sur les publications destinées à la jeunesse
Imprimé en Italie. (04/03)